LA FORCE
LE CAPITAL

ET LE

DROIT

DRAME INDUSTRIEL

PRÉCÉDÉ

D'UNE LETTRE A M. WOLLOWSKI

sur la propriété intellectuelle

PAR M. JOBARD

Membre de l'institut des États-Unis

Vitam impendere vero.

BRUXELLES

WOUTERS FRÈRES, IMPRIMEURS-LIBRAIRES

8, rue d'Assaut

1847

LA LIBRE

CONCURRENCE

CONSIDÉRÉE COMME CAUSE DE DIMINUTION DU TRAVAIL ET DU RENCHÉRISSEMENT

DES PRODUITS.

L'Europe industrielle ne s'est jamais trouvée dans une situation plus précaire, plus incertaine qu'aujourd'hui ; tout le monde le sent, tous les journaux le proclament et tous les gouvernements s'en préoccupent.

Il paraît évident que la société s'est engagée, sur la parole des économistes politiques, dans une sorte d'impasse d'où il sera très-difficile de la faire sortir ; parce que la foule s'y porte et s'y entasse de manière à lui ôter jusqu'à l'usage de ses bras ; c'est à peine s'il lui reste assez de voix pour demander *du travail ou du pain ;* cet impasse qui porte l'écriteau menteur de *liberté du travail,* l'a précisément réduite à ne pouvoir plus travailler ; comme nous allons le démontrer, en nous appuyant sur des faits historiques qui nous semblent incontestables. Par exemple, il n'est douteux pour personne, que dans l'origine des choses, l'humanité jouissait, dans toute sa plénitude, du *laissez-faire* et du *laissez-passer ;* que les chasseurs et les pasteurs ne se trouvaient arrêtés, ni par des murs, ni par des fossés, ni par des lois.

Les peuplades du centre Afrique et du centre Amérique sont encore là pour nous offrir le *spécimen* du *laissez faire* et *laissez chasser* le plus complet qu'on puisse désirer : Cependant, un temps vint où la nourriture manqua, par suite de l'augmentation croissante de l'espèce.

Quel remède ont employé les sages de ces temps-là, lesquels étaient probablement d'aussi grands philosophes que les sages de ce temps-ci ? N'ont-ils pas fait précisément le contraire de ce que nos économistes les plus illustres demandent ? N'ont-ils pas posé des bornes au *laissez-faire* et au *laissez-passer,* en instituant la propriété foncière, c'est-à-

1

dire, en entravant le libre parcours, en s'opposant au libre usage du sol, en le soumettant à la division et au clôturage, en le *monautopolisant* enfin au profit des individus et au prétendu détriment des masses ? N'ont-ils pas assez prouvé que le *communisme* n'était pas bon, et que le domaine public était la véritable *main-morte* du travail ? N'ont-ils pas alors comminé des peines contre les bris de clôture, contre la violation des territoires appropriés, et ne sont-ils point parvenus à créer ainsi *du travail et du pain* pour les générations innombrables de prolétaires qui se sont succédées jusqu'à nous, et cela : en créant la triple propriété *foncière*, *mobilière* et *pastorale ?*

Personne ne songera, croyons-nous, à contester ces prémisses et à nier les bons effets de l'appropriation de toutes ces choses ; mais l'instant est venu où ce genre de propriété n'est plus suffisant pour donner du travail à tous les bras, qui se multiplient sur quelques points de l'Europe; d'une manière bien inquiétante, puisque les gouvernants, les savants, les philanthropes même s'agitent et se tourmentent pour chercher un remède qu'ils ne trouvent pas, parcequ'il est sous leurs mains: qu'ils ne voient pas, parce qu'il est sous leurs yeux.

Les académiciens eux-mêmes, après s'être creusé profondément la tête, en sont réduits à se rasseoir dans leur fauteuil, en bégayant ces paroles désolantes : *il y a pourtant quelque chose à faire !* (1) et ils attendent, parce qu'ils peuvent attendre, mais le flot monte, monte en attendant !

Ils ne s'aperçoivent donc pas qu'un grand fait providentiel vient au secours de l'humanité, précisément à l'époque où il est nécessaire?

Ils ne comprennent donc pas que l'industrie équivaut à la découverte d'un nouveau monde, et que, depuis un demi-siècle, ce vaste continent sorti du déluge de la barbarie, se trouve livré au libre parcours ; que les *Nemroths* industriels le dévastent et ne le cultivent pas, et que nous sommes arrivés de nouveau à ce point fatal où les chefs de l'ancien monde ont compris qu'il fallait diviser, enclore, approprier le domaine public, afin qu'il pût être régulièrement exploité.

Cela posé, vous devez présumer déjà ce qu'il y aurait à faire pour procurer du travail et du pain à la foule qui vous en demande plus vivement, plus impérieusement qu'elle ne l'a jamais fait.

Arriverez-vous à temps ? là est toute la question, O'Connel vous l'a dit, *c'est la rapidité qui constitue aujourd'hui l'essence de l'humanité, en même temps que de la sagacité politique.*

Or, comme il n'y a rien de plus lent que les gouvernements *commissionnels* et les administrations irresponsables, nous sommes en droit de dire : non, vous n'arriverez pas ! car vous êtes engagés beaucoup trop avant dans l'impasse du *laissez-faire*, où vous vous laissez

(1) Paroles de Ch. Lucas à l'académie des sciences morales.

enfoncer chaque jour d'avantage; il vous sera donc impossible d'en sortir pour entrer dans la voie nouvelle; vous seriez d'ailleurs arrêtés par la crainte puérile qu'on vous accusât de rétrograder.

Cela ne nous empêchera pas de vous crier plus haut que les libres échangistes : Hâtez-vous de diviser, d'enclore et d'approprier la grande jachère industrielle, donnez à chacun le coin qu'il en aura défriché, rendez les fermes intellectuelles inviolables, punissez les maraudeurs, et vos néo-fermiers n'hésiteront plus à embaucher des ouvriers nombreux pour les aider à mettre leur domaine en rapport, du moment où ils auront la certitude que les fruits leur en appartiendront au même titre que la récolte appartient à celui qui a répandu l'engrais et semé la graine.

Descendons des hauteurs de la parabole, pour entrer dans la réalité, et montrons que les populations qui manquent de travail n'en manqueraient plus, si le travail industriel était à l'abri de ce pillage impitoyable que l'on décore du beau nom de *libre concurrence*, et au besoin de *noble émulation*.

En Irlande, par exemple, jamais la concurrence ne fut plus large quant à la culture de la terre, puisque tous les ans, les *Middelmen* peuvent casser les baux et appeler de nouveaux fermiers au *concours*. De là, le manque de sécurité et d'avenir qui fait que le cultivateur irlandais ne se considère que comme un tenancier quasi-nomade, bien près de l'arabe du désert et par conséquent bien loin de l'idée de planter pour ses successeurs. Telle est la cause principale de la misère de l'Irlande; sans préjudice de celles qui en découlent.

En Belgique, la concurrence est tellement entière, qu'à l'exception d'une douzaine de grands métiers, passés à l'état de féodalisme, par l'association de grands capitaux, il y a fort peu d'industrie secondaires en Belgique, et que sur quatre millions d'habitants, il y a bien près d'un million de bras et d'intelligences sans travail; c'est au point que les gens aisés eux-mêmes ne savent plus que faire de leurs fils, car ils ne trouvent aucune carrière qui ne soit remplie d'aspirants surnuméraires. Les latineurs surtout, ne sont pas les moins embarassants.

L'histoire de la contrefaçon, l'une des grandes exploitations de la Belgique nous servira à démontrer la marche que suivent et doivent suivre toutes les industries livrées à la libre concurrence.

Dans les premiers temps de la fondation du royaume des Pays-Bas, l'ardeur de la *réimpression* (2) était si vive, que tout le monde voulait s'en mêler; des domestiques, des manœuvres, des maçons, des paysans même, qui savaient à peine épeler quittaient le rabot, la truelle et les champs, pour venir manier en ville le composteur ou la presse; c'était

---

(2) réimpression ; sobriquet honnête de la contrefaçon, inventé par le plus grand contrefacteur belge.

magnifique à voir ; on réimprimait tout, tout, jusqu'au grand ouvrage d'Egypte, et tout pour rien.

Les papeteries, les fonderies, les ateliers de brochage doublaient, triplaient leur personnel. Un volume de médecine, de droit ou de littérature, arrivait-il de Paris, un éditeur s'en emparait à l'instant ; son calcul était bientôt fait : *mille* pour la Belgique, *mille* pour l'étranger, puis il mettait sous presse ; son opération était plausible, s'il eut été seul ; mais vingt-cinq concurrents faisaient, le même jour, à la même heure, le même calcul, et cinquante mille exemplaires étaient lancés, en même temps, à la tête d'un public qui n'en pouvait consommer que deux mille ; de là, faillites sur faillites, renvois d'ouvriers, ruines, fuites et banqueroutes. Tant il est vrai que le vol même à besoin d'organisation pour avoir du succès ! Les contrefacteurs ont donc fini par s'entre-dévorer jusqu'à l'avant-dernier.

Nous voilà par conséquent échoués, précisément, sur l'écueil que l'on voulait éviter, en créant la libre concurrence.

Nous avons vu la contrefaçon parcourir toutes les phases du *laissez-faire*, c'est-à-dire passer de l'individualisme au féodalisme, et du féodalisme à l'autocratisme. C'est ainsi qu'après toute anarchie, toute bataille poussée à sa dernière limite, il ne reste plus qu'un vainqueur qui ne tarde pas à passer dictateur. Voilà un exemple palpitant, de la fin qui attend toutes les industries de la France, de la Belgique, de la Suisse et de tous les pays de liberté. C'était à prévoir, le moindre bon sens l'indiquait.

Mais que sont devenus aujourd'hui les cinquante mille ouvriers qui vivaient , écrivait-on n'aguère aux chambres , de l'industrie de la réimpression ? Il serait facile de prouver qu'il n'en reste pas cinq cents aujourd'hui, à partir du papetier et du fondeur, qui subsistent de la contrefaçon proprement dite. Est-ce donc ainsi que la libre concurrence donne du travail et du pain aux ouvriers !!!

Nous disons, nous, les preuves à la main, que le travail libre, sans organisation, est la plaie de la société actuelle, une cause incessante de diminution dans le travail, et d'augmentation du paupérisme ; et pourtant, il est certain que le travail ne saurait jamais manquer ici-bas, et qu'il y en aura toujours cent fois plus que de bras et d'intelligences pour l'accomplir (5).

---

(5) Est-il besoin de rappeler que c'est à l'augmentation indéfinie du nombre des bouchers et des boulangers de Bruxelles, qu'est due l'augmentation incessante des prix du pain et de la viande , ainsi que de leur mauvaise qualité ? Le rapport de M. Ducpétiaux ne l'a que trop bien prouvé. L'augmentation du nombre des pharmaciens, des tailleurs et des bottiers . ne fait également qu'augmenter le prix des bottes, des habits et des drogues, tout en les rendant plus mauvais. C'est fort naturel, il faut bien que tout ce monde vive ! Plus vous prenez de domestiques, plus votre ménage vous coûte cher et plus vous êtes mal servi.

Les artisans et les marchands, ne sont-ils pas les domestiques du public ?

On se plaignait certainement aussi que le travail manquait aux chasseurs et aux pasteurs devenus trop nombreux, avant l'organisation de la propriété terrienne.

Dieu sait les émeutes, les révolutions, les guerres, les massacres qui ont ensanglanté le berceau de l'humanité et précédé l'établissement de cette espèce de propriété, si gênante pour le libre parcours et le libre pacage !

Dieu veuille éclairer à temps nos législateurs, pour prévenir de semblables désastres ; puissent-ils se décider bien vite à organiser la propriété industrielle où plutôt la *propriété intellectuelle* avant la catastrophe !

Mais comment cela donnera-t-il de l'ouvrage aux ouvriers, nous diront les gens auxquels il faut tout dire ? Voici comment : d'abord, vous conviendrez qu'il y a beaucoup de capitaux, surtout de petits capitaux immobilisés, ou, si vous voulez, pétrifiés par la peur et qui n'osent se lancer dans l'industrie, car ils n'y voient aucune sécurité, aucune garantie sous le régime de la libre concurrence ; vous avez peut-être vous-même une vingtaine de mille francs placés à 2 ou 5 p. %. et même à zéro, dans votre secrétaire, vous voudriez bien leur faire produire 10, 15 ou 20 p. %, dans une industrie honnête quelconque, prenons la fabrication de la lampe Carcel qui n'existe pas en Belgique ; mais dès que vous serez outillé convenablement, et que votre voisin qui possède cent mille francs voudra courir sur vos brisées ; il en aura bientôt fini avec votre petit capital privé ; cependant, comme il tremble lui-même devant les millions qui le menacent d'un sort pareil, personne, si ce n'est un homme sans jugement ne commencera la fabrication des lampes Carcel en Belgique, à moins d'être nanti d'un titre légal qui le mette hors d'atteinte de la concurrence intérieure ou de la guerre intestine, comme vous voudrez l'appeler, car c'est la même chose. Alors seulement il emploiera 10, 20, 30 ouvriers qu'il n'emploiera pas sans cela. *Ab uno disce omnes!*

Qui pourrait compter les millions cachés dans les fonds publics étrangers, dans les caisses d'epargne, ou dans de mauvais terrains, qui serviraient à occuper, à nourrir des travailleurs de toute espèce ?

Qui pourrait supputer la valeur des exportations et des échanges que vous pourriez accomplir avec le reste du monde, si, travaillant en sécurité, avec les machines de force et de vitesse les plus perfectionnées, vous vous mettiez en mesure *de faire mieux et à meillleur marché que tout le monde*, seul moyen rationnel de trouver des débouché aujourd'hui.

Maintenant, voulez-vous savoir pourquoi votre industrie, celle de la Suisse et de la France restent si cacochymes, si débiles, quoiqu'on en dise, en présence de l'industrie anglaise? C'est parceque le *monautopole* existe en Angleterre depuis plus d'un siècle, pour un temps bien court, il est vrai, puis qu'il n'est que de 14 ans au moins, et de 28 ans au plus, c'est, vous l'ignorez sans doute, que toutes les industries nouvelles sont appuyées sur des patentes, et que la plupart des anciennes trouvent le moyen de s'abriter sous ce *palladium*, à l'aide de perfectionnements nouveaux. Ce sont ces patentes parfaitement protégées par les tribunaux de l'Angleterre qui inspirent aux capitalistes de ce pays, une confiance que les nôtres n'ont pas et ne sauraient avoir dans nos brevets entachés de conditions restrictives qui les rendent illusoires, dangereux même, et qui font de tout brevet belge un assignât démonétisé et tout-à-fait innégociable (4).

Le développement de l'industrie dans nos contrées n'est donc possible qu'en l'entourant de garanties beaucoup plus longues et plus solides que celles des autres pays ; c'est seulement alors que nous serons à même de lutter un jour avec l'Angleterre.

C'est à l'aide de ces garanties que l'industrie anglaise a pris le développement que nous lui voyons ; c'est au défaut de ces garanties que la nôtre doit sa faiblesse.

C'est en doublant la durée de ces mêmes titres, (les brevets) que nous rattraperions le temps perdu. Prenons par exemple le fer ; n'est-il pas vrai que nous nous croyons arrivés au plus haut rendement possible, quand nous obtenons 15 à 17,000 kil. de fonte par jour ; eh bien ! il est déjà des hauts fourneaux qui donnent 50,000 kil. en Ecosse à l'aide de l'air chauffé à 900 degrés et de la houille crue, procédé bien et duement patenté qu'on n'a jamais voulu essayer en Belgique, et qu'on n'eût peut-être jamais essayé en Angleterre, sans l'attrait et la sécurité que les patentes anglaises présentent aux inventeurs.

L'Autriche ne se plaint pas de manquer de travail, et pourtant elle ne manque pas plus de bras que nous ; mais c'est que l'Autriche n'a pas donné aveuglément dans l'utopie du *laissez-faire*, ou de la libre concurrence industrielle. Plus sage que nous, elle a conservé tout ce qu'il y avait de bon dans le régime des corporations et des maitrises, en éliminant tout ce qui s'y trouvait d'étroit, de suranné et d'abusif ; tandis que nous avons tout rasé, le bien avec le mal, comme si, d'un vieil édifice en démolition il n'y avait rien à sauver.

Savez-vous quel en est le résultat ? C'est que l'Autriche est déjà mieux en mesure de soutenir la lutte du libre échange, avec son industrie organisée et régulière, que nous, avec notre travail anarchique, nos capitaux peureux et nos manufactures livrées aux hasards de la guerre civile.

____

(4) Tous les jours on voit en Angleterre des patentes vendues à beaux deniers comptants, quelque fois même des brevets français sont également achetés par des capitalistes qui les mettent en œuvre ; mais cela ne s'est presque jamais vu en Belgique, où les brevets sont lettres mortes, par suite des conditions fatales qu'on impose illégalement aux titulaires.

En Autriche, nul ne peut établir un commerce ou une fabrique, à l'exception des individus brevetés, avant d'avoir prouvé deux choses, 1° qu'il sait son métier, 2° qu'il a les moyens pécuniers nécessaires pour l'exercer ; on lui assigne alors un district, un domaine d'exploitation sur lequel on ne permet pas à un concurrent d'empiéter, et de venir le troubler, l'étreindre ou l'étouffer.

L'administration, en prenant soin d'espacer suffisamment les manufacturiers, les marchands et les artisans, comme un bon agriculteur prend soin d'espacer ses plantes, leur donne de l'air et les met à même d'acquérir tout leur développement sans se nuire et s'asphixier. Aussi, le crédit et la confiance sont-ils beaucoup plus développés en Autriche que dans les pays de liberté où le premier venu, sans faire preuve d'aucun talent, d'aucun avoir, d'aucune probité, peut s'établir à sa fantaisie; prendre l'enseigne qui lui plait, frauder comme il l'entend, faire des dettes et décamper, en jetant ses ouvriers sur le pavé, car c'est là, quoiqu'on puisse dire, la véritable peinture de l'industrie du *laissez-faire*.

Qu'en résulte-t-il ? C'est que nos fournisseurs ont perdu toute confiance, que nos ouvriers obligés de changer trop souvent de besogne ne connaissent aucun métier, car l'apprentissage n'est pas obligatoire comme en Autriche, et les temps de chômage et de vagabondage sont plus fréquents chez nous que dans les pays où l'industrie bien assise, se discipline, grandit et atteint une perfection et un bon marché tels que, déjà la France n'est plus en état de soutenir la concurrence de l'Autriche, en fait d'étoffes de soie et de laine et par conséquent de beaucoup d'autres choses qui en dépendent (5).

En un mot, le travail se raréfie tous les jours, au lieu d'augmenter indéfiniment comme on l'espérait, sous le règne de la libre concurrence; chacun a peur de faire travailler, tant les risques de l'argent employé dans l'industrie sont grands, à moins qu'on ne l'applique à quelque invention de fraude encore inconnue, qui permette de faire ce qu'on appelle *un coup de commerce*, c'est-à-dire une grande friponnerie légale, sous le masque, sans marques ou avec de fausses marques.

Ceux-là seuls qui possèdent de grands capitaux sont devenus les souverains maîtres de l'industrie et du commerce libres ; le génie, le talent, la probité n'ont aucune espèce de cours ou de valeur, et vous croyez que le capital va venir s'associer avec le talent et le travail qui sont obligés de se donner à lui comme esclaves! Cela est impossible dans l'ordre actuel. C'est pourquoi nous réclamons l'intervention de la législature, pour nous donner des lois qui défendent la propriété industrielle contre les empiétements du capital brut, et le rétablissement

---

(5) Voir le rapport de **M. Dervieu**, commissaire du gouvernement français à la dernière exposition de Vienne, lequel n'a pu tout dire, et pour cause.

des marques de fabrique obligatoire (6). Nous voulons en un mot que chacun soit déclaré *propriétaire et responsable de ses œuvres*, bonnes, médiocres ou mauvaises. Nous voulons enfin dans l'ordre intellectuel ce qui existe dans l'ordre matériel, c'est-à-dire que chacun puisse resister *même au roi*, *de par la loi*, comme le meunier de *Sans-Souci*, et ne puisse être dépouillé de l'industrie qu'il a crée, ou importée, par plus riche ou plus puissant que lui, à moins *d'expropriation pour cause d'utilité*, *d'agrément ou de danger public*.

Laissez passer le commerce, mais *laissez planter l'industrie;* c'est le seul moyen d'augmenter le travail d'une manière régulière et indéfinie ; le talent et la probité se feront une clientèle ascendante, tandis que l'ignorance, la paresse et le vice perdront la leur. Le public sera le rénumérateur naturel des uns et des autres. C'est alors seulement que chacun aura *selon ses œuvres*, c'est-à-dire *selon sa capacite et selon sa probité*, quand il aura la *propriété et la responsabilité* de ses œuvres ?

(6) Les fabricants de cachemires de France viennent de prendre l'engagement spontané, de mettre leurs noms sur leurs produits, en attendant que le gouvernement présente la loi qu'il a promise sur les *marques obligatoires.*

Nous extrayons du *Journal des Débats* la note suivante qui prouve combien, les négociants honnêtes désirent l'application de cette mesure. Nous croyons devoir remercier M. *Bonnet*, chef de la maison *Delisle*, d'avoir pris cette initiative :

« — *Marque de Fabrique.* — Pour terminer autant qu'il est en elle les déplora-
» bles débats concernant les fraudes faites dans la vente des châles cachemires
» français, la maison Delisle prévient sa clientèle, qu'à dater du 1er janvier 1847,
» tous les châles qui entreront dans ses magasins porteront le nom du fabricant.
» Par ce moyen, l'acheteur aura pour garantie, contre tout mélange, d'abord la
» maison Delisle, puis les fabricants qui se portent garants envers elle. La maison
» Delisle est la première qui entre dans cette voie, et elle est bien décidée à la
» suivre franchement. »

Mais voici une démonstration beaucoup plus importante, c'est la délibération du conseil général de la Seine, composé des vétérans du commerce dont la tête est aussi blanche de probité que d'années.

C'est sur la proposition chaleureusement défendue par l'honorable Armand Séguier, que le conseil a voté à l'unanimité, moins quelques voix égarées par les théories du laissez-faire, les conclusions suivantes :

« Le conseil, considérant, que si la liberté est la base de la prospérité de l'indus-
» trie et du commerce, la loyauté est aussi une des causes les plus efficace de
» leur développement, tant à l'intérieur qu'à l'extérieur; qu'il importe de garantir
» le commerce du grave préjudice que lui causent les ventes et exportations opé-
» rées dans des circonstances de fabrication et de conditionnement déloyaux; con-
» sidérant, que la *marque obligatoire* apposée par le producteur sur tous les pro-
» duits aptes à la recevoir, est le moyen le plus simple et le plus efficace d'empê-
» cher les fraudes, en rendant chacun responsable de ses œuvres ; que la difficulté
» de la généralisation de cette mesure indispensable ne peut être une considéra-
» tion pour refuser de sanctionner une obligation de droit commun ; considérant
» que la *marque obligatoire* rapprochée de la faculté que la loi donne à tout ache-
» teur d'exiger facture du vendeur intermédiaire, fournit le moyen certain d'at-
» teindre et de réprimer la plus grande partie des fraudes commerciales; par ces
» motifs, le conseil, attendu que la marque facultative est insuffisante pour obte-
» nir les résultats précités, émet le vœu que la marque soit législativement déclarée
» *obligatoire,* pour tous les produits susceptibles d'être marqués. — Tel est le ré-
» sultat produit par une simple brochure intitulée: *La Marque ou la Mort !*

Qui oserait soutenir que rien de semblable existe sous le régime *du laissez-faire?* Personne, assurément, et cela s'explique par une simple comparaison : livrez demain la propriété foncière à la libre concurrence, et vous verrez tomber le nombre des cultivateurs à zéro, car nul ne voudra labourer à vide, c'est-à-dire pour des maraudeurs qui viendront en plein jour enlever sa moisson ; et vous voulez que les ouvriers industriels s'accroissent quand vous ne donnez aucune sécurité à l'industrie, quand vous la livrez au libre pacage et à la dévastation du laissez-faire? Mais il ne faut pas l'intelligence d'un homme d'État pour en comprendre l'impossibilité, celle d'un enfant suffit.

En voyant, en temps de paix et de progrès, le travail manquer, et des populations en danger de mourir de faim, nos *malthusiens* soutiennent que les subsistances ne sont plus en rapport avec la population ; on leur répond en leur montrant les 566 millions d'habitants de l'empire du centre, qui vivent et qui travaillent, parce que le travail est certainement organisé chez les Chinois, comme les marques de fabriques qui couvrent toutes leurs marchandises le prouvent. Ils ne s'effrayent plus d'ailleurs de l'accroissement des populations, depuis que l'expérience leur a démontré que les seules déjections individuelles, pouvaient, à l'aide d'une intelligente répartition et de l'action naturelle du sol et des météores, suffire à la reproduction des aliments nécessaires à l'existence de chaque individu.

Tel est aussi l'avis des savants chimistes-agronomes Liebig et Girardin de Rouen.

Il faut bien le dire, si nous ne savons pas encore bien cultiver la terre, nous ne savons pas du tout cultiver l'industrie ; il n'est donc pas étonnant que ces deux sources de prospérité ne suffisent pas à nos besoins croissants.

Le remède, soyez-en sûrs, n'est point dans le *laissez faire*, mais dans le *faites faire*, et personne ne fera faire sans capitaux, et nul ne trouvera de capitaux sans garanties, que l'État seul peut leur donner ; mais l'État.... ce n'est pas moi !! Nous dirions volontiers que ce n'est personne, attendu que c'est tout le monde, et que ce qui est à tout le monde n'est à personne.

LETTRE

SUR LA

PROPRIÉTÉ INTELLECTUELLE

A M. WOLOWSKY.

Je viens de lire dans le journal des économistes vos savants commentaires sur la loi des modèles et dessins de fabrique; vous êtes certainement plus avancé sur ces matières que la plupart de vos collaborateurs; encore un pas et vous touchez au vrai, permettez-moi donc de vous prendre la main pour vous poser le doigt sur les lignes suivantes du discours de M. Cousin, qui contiennent la vérité toute la vérité :

« Toutes les œuvres de l'intelligence doivent être mises sur le même
» rang, quelque soit la forme que celles-ci aient prise, qu'elles se tra-
» duisent en un livre, en une table, en une statue, en un bronze;
» qu'elles soient mises en circulation par le libraire, le graveur, le
» ciseleur ou le fondeur! » M. Cousin veut certainement qu'elles jouissent de la pérennité et nous sommes convaincu de rencontrer sa pensée en ajoutant à cette liste toute la série des enfants, de l'esprit d'invention, de combinaison et d'application, sans distinction aucune.

M. Cousin se déclare ainsi partisan de l'établissement de la propriété intellectuelle, dont je soutiens l'utilité, la justice et l'urgence, tandis que vous la combattez, à l'aide de distinctions plus spécieuses que réelles comme j'ai l'espoir de vous le démontrer, plus efficacement dans une lettre que vous lirez, que dans des volumes que vous n'avez pas eu le temps de lire ; bien qu'ils paraissent avoir légèrement irrité quelques-uns de vos collègues de l'église économique qui ne veulent pas que ma pratique des choses de l'industrie, puisse avoir raison, sur ce point particulier de leurs savantes théories générales.

Si tous les fabricants avaient le temps de lire, si tous les inventeurs avaient le temps d'écrire, ils se prononceraient sans exception, pour l'établissement de la propriété *littéraire, artistique, scientifique, indus-trielle* et *commerciale,* sur les bases de la propriété foncière, et se déclareraient prêts à partager les mêmes charges, si on leur accordait les mêmes droits, qu'aux propriétaires du sol; ils vous prouveraient qu'il est de l'intérêt social, de l'intérêt de l'État, de l'intérêt des riches et des pauvres, d'augmenter le nombre des *propriétaires* et des *contribuables* sans rien ôter à personne; mais seulement en divisant, sous divisant et appropriant la grande bruyère intellectuelle de l'avenir.

Ils vous diraient, que la civilisation ne date que de l'époque de la division et de l'appropriation du sol, et que les progrès de l'industrie, des arts, de la littérature et du commerce ne dateront, que du jour de la création d'une propriété intellectuelle, sans autre distinction légale que celle de l'inégalité de puissance productrice de chacun; contrairement à l'opinion du ministre du commerce.

Est-ce que le gouvernement accorde moins de durée à la possession d'une chaumière qu'à celle d'un château? A un champ stérile qu'au meilleur potager? Il ne doit donc pas s'occuper de juger de l'importance d'un produit nouveau quelconque; aucune catégorie n'est possible ni admissible, l'inégalité de valeur, de temps, ou de frais faits pour obtenir un produit nouveau quelconque, est l'affaire de l'auteur; vous avez fort bien fait de dire, que le gouvernement n'a pas plus à s'en occuper qu'il ne s'occupe de la richesse ou de la pauvreté d'une mine qu'il a concédée.

J'ai surtout à cœur de vous enlever un reste de taie qui vous empêche de voir qu'il n'y a pas la moindre nécessité d'établir une distinction entre les inventions; que rien enfin ne peut motiver une différence dans la durée du privilége; vous avez choisi entre dix mille, dans vos cours du conservatoire, une comparaison des plus spécieuses, pour appuyer l'erreur dans laquelle vous persistez encore; je veux vous suivre sur ce terrain, je prends comme vous l'horloge à engrenages, destinée à indiquer les heures; vous paraissez bien persuadé, que si l'inventeur de l'horloge à roues eut été breveté à perpétuité, il en eut résulté dommage ou privation pour la société, car c'est là le grand cheval de bataille de tous les adversaires de la pérennité.

Je n'hésite pas à l'enfourcher aussi; vous allez voir que je le ferai trotter comme il faut.

J'admets que l'inventeur ait demandé son brevet pour le *principe* et le *but* de la *création* de l'horloge, comme vous le dites, voyons ce qui lui appartenait réellement : ce ne sont pas les roues d'entées, dont il n'a fait qu'une combinaison spéciale, au but qu'il voulait atteindre, ce n'est pas le contrepoids non plus, ni les chevilles, ni les coins, ni les cliquets, ni les autres pièces élémentaires qui étaient sans doute connues à cette époque?

Il est évident qu'il pouvait être breveté pour l'arrangement particulier, de tous ces éléments du domaine public; mais il n'aurait eu le droit d'interdire à personne la recherche d'autres combinaisons, qu'il n'aurait pas trouvées et spécifiées à l'avance, comme faisant partie de son invention.

Quand au but, celui d'indiquer l'heure par une aiguille, il était également du domaine public, par l'invention du gnomon et de la clépsydre.

Voilà donc notre inventeur réduit à la seule exploitation de sa combinaison particulière, jusqu'à la venue de nouvelles inventions, de garde-temps, contre lesquels il se serait trouvé obligé de lutter de bas prix et de bonne qualité, seule concurrence admissible, en tout et par tout. Non-seulement le public n'eut rien perdu à cet état de choses, mais l'horloge se serait plus perfectionnée en dix années, qu'elle ne l'a fait en 400 ans, si les perfectionneurs eussent été stimulés, par la certitude de rester propriétaires de leurs perfectionnements.

Voyez quel chemin a fait l'horlogerie depuis que l'on donne des brevets en Angleterre et en France, à tous les échappements, à toutes les simplifications nouvelles de la montre.

Vous allez peut-être me demander ce qui serait arrivé si l'horloge actuelle était sortie de toutes pièces du cerveau de l'inventeur, comme Minerve du cerveau de Jupiter, s'il eut enfin inventé les engrenages, les ressorts, les aiguilles, etc.

J'opposerai à cette hypothèse, gratuite, que pas un mortel ne possède une capacité cérébrale olympienne; puis, par mon *ultima ratio*, *l'expropriation pour cause d'utilité ou d'agrément public*, ce qui suffit je pense, et au-delà, pour fermer la bouche à tous les trembleurs, adversaires de la pérennité.

Mais je suis persuadé que la seule éventualité de l'expropriation suffirait, pour que les inventeurs redoublassent d'efforts, non-seulement pour bien servir les consommateurs, mais pour les servir a bon marché; poursuivis qu'ils seront d'ailleurs sans cesse, par la crainte de se voir dépassés par d'autres inventions; ce qui ne tarderait pas d'arriver, si l'esprit d'investigation était encouragé comme il doit l'être, par la législation.

Et qu'importe au public, s'il est bien servi, et servi a point, que ce soit par Pierre ou par Paul? Quel grand malheur qu'un inventeur ait autant de chance de faire sa fortune par son talent et sa probité, qu'un charlatan est sûr de faire la sienne, par le mensonge et la fraude !

Vous avez dit que la liberté industrielle demande, comme la liberté civile, des lois qui en garantissent le maintien, qui en régularisent la marche, et que la nécessité d'un *code industriel* devient évidente pour tout le monde. Eh bien! ce code complémentaire de la propriété, est la base fondamentale de mes recherches et le but de mes écrits, ici nous voguons de conserve; mais nous nous séparons bien vite, quand vous dites que le bréveté est en conflit permanent avec l'intérêt de la société, et qu'il faut que son privilége ait un terme rapproché.

Voilà une de ces erreurs vulgaires qu'il est nécessaire et facile de réfuter; car elle n'est que le résultat de l'ignorance des choses et de la jalousie des hommes. C'est le contraire qui est vrai; car sans brevet pas d'inventions; avec un brevet à court terme, peu d'inventions; avec un brevet perpétuel, beaucoup d'inventions; et n'est-il pas de l'intérêt public qu'il y ait beaucoup d'inventions?

La prospérité industrielle d'un pays est proportionnelle au nombre d'années que ce pays est doté d'une loi sur les brevets d'inventions; l'Angleterre possède la sienne depuis plus de 160 ans, la France depuis 50, la Belgique depuis 59 ans, la Prusse depuis 29, les autres pays depuis moins de temps; puis viennent les pays qui n'en ont pas, ou de si courtes et si précaires qu'elles n'offrent aucun encouragement, aucune garantie aux inventeurs, aussi ces pays n'ont-ils que peu ou point d'industrie. Parcourez cette échelle, et voyez, si elle n'est pas exactement relative au développement et au progrès de l'industrie dans tous les états.

Mais voici bien autre chose, c'est que presque toutes les inventions tombées dans le domaine public, ont disparu de la scène; voyez la liste immense de vos brevets expirés, dont la plupart ont été exploités avec fruit, pour le public, combien en existe-t-il encore en plein rapport? pas plus qu'il n'existerait de terres cultivées, après que vous les auriez fait passer du domaine particulier dans le domaine public!

Ceci est péremptoire, et j'ai lieu d'espérer que vous le reconnaitrez sans conteste.

Reste à savoir, si vous admettez, comme plus profitable au public une invention ou un champ bien exploité, qu'un champ ou qu'une invention livrés, à la vaine pâture.

Reste à savoir, si vous pouvez supporter sans trop de peine, que le propriétaire d'une mine s'enrichisse en l'explorant à fond, ou en en laissant dévaster la surface par tous, sans avantage notable pour personne?

Croyez-moi, monsieur, une invention exploitée par un seul, est plus profitable à l'intérêt public, que cette même invention, livrée aux ravages de la libre concurrence, qui l'a bientôt réduite à néant, par l'abaissement continu de son excellence primitive; cela se voit tous les jours dans Paris; demandez plutôt à tous les fabricants, si ce n'est pas la règle générale et ne vous appuyez pas sur de très-rares exceptions, si toutefois il en existe.

Jamais une invention brevetée n'a excité que les plaintes des concurrents incapables; et ces plaintes sont de la même nature que celles, du prolétaire contre la propriété; le signe auquel vous reconnaitrez le degré d'utilité que le public retire d'une invention, n'est autre que le degré de fortune que l'inventeur en aura retirée lui-même.

Parce que cette fortune prouve deux choses: 1° que l'objet breveté, est beaucoup meilleur, et à plus bas prix, que l'objet qu'il vient remplacer, 2° que le public trouve dans l'acquisition de cet objet, un avantage ou un agrément supérieur, à l'argent qu'il donne librement pour se le procurer.

En un mot, il n'existe aucune différence entre la propriété des inventions industrielles et la propriété des dessins et modèles de fabrique des opéras et des recettes, des objets d'art ou de littérature, du fond ou de la forme, comme vous vous efforcez inutilement et infructueusement d'en chercher une. Au lieu d'être une entrave au développement du travail comme vous le dites, le brevet sera un encouragement et une source de travail aussi inépuisable que la source des combinaisons Kaleïdoscopiques de tous les éléments de l'industrie et de la science avec les innombrables éléments de la pensée humaine.

> Croire tout inventé n'est qu'une erreur profonde
> C'est prendre l'horizon pour les bornes du monde.

Celui qui s'étonne de l'immense quantité d'inventions, dont nous sommes déjà en possession, nous fait l'effet d'un enfant qui, n'ayant pas vu la mer, s'écrie à la vue d'un étang, papa que d'eau ! L'ère des inventions n'est encore qu'à l'entrée de son premier siècle ; ce que nous savons n'est rien en comparaison de ce qui nous reste à savoir.

Le privilége de la perpétuité s'efface de lui-même devant l'expropriation de l'oubli, comme vous le dites fort élégamment, à propos des objets fugitifs comme le caprice et la mode ; eh bien ! Toutes les inventions sont à peu près dans le même cas, elles varient, se transforment tombent et se relèvent, meurent et renaissent sans cesse. Il n'est pas de plus exacte comparaison que celle qui assimile les enfants du génie aux enfants des hommes, dont on se contente dans les pays civilisés de constater le jour de la naissance, à l'état civil, sans les condamner d'avance à périr fatalement à l'âge de 5, 10, ou 15 ans ; car ce serait empêcher les pères de leur prodiguer les soins nécessaires à leur existence et à leur éducation.

Souhaitez leur l'immortalité, dites leur: tu vivras tant que tu pourras, c'est plus chrétien, plus humain; mais cela ne les empêchera pas de mourir le lendemain peut-être. Sur un million d'inscrits, combien peu de centenaires ? L'existence de l'invention parcourt les mêmes phâses, est soumise aux mêmes inconvénients que l'existence de l'homme; création, gestation, accouchement, enfance, jeunesse, âge mûr, vieillesse et décrépitude; son éducation est souvent d'autant plus longue, et plus couteuse, sa croissance d'autant plus lente que son existence doit être plus brillante.

L'invention d'un mérite réel, est comme l'homme de génie, exposée aux attaques de l'ignorance, de la médiocrité et de l'envie.

La calomnie s'attache aux grandes choses comme aux grands hommes et souvent elle parvient, non-seulement à retarder leur marche, mais à les écraser ; c'est pour cela qu'il faut leur donner du temps, pour se relever, se guérir et continuer leur marche triomphante vers l'étoile du progrès. Voilà de la poésie, prenons garde à M. Joseph Garnier !

Que pouvez-vous attendre d'une grande invention, ou d'un grand génie condamnés à mourir à 15 ans ? La veuve et les enfants de Fulton dépouillés, après 14 ans, de la propriété de leur père, sont réduits à vivre du léger produit des troncs placés à bord de tous les bâteaux à vapeurs des États-Unis.

J'ai vu périr à Munich sur le grabat de l'indigence, le fils de l'inventeur de la lithographie.

Whitneys, l'auteur du moulin à séparer le coton de sa graine, le bienfaiteur de l'Amérique du Sud, est mort sur un grenier en Géorgie : vous savez l'histoire de Girard, et celle de ses devanciers. En un mot, ce sont les auteurs des plus grandes découvertes, ceux auxquels on élève, comme par dérision, des statues après leur mort, qui ont été le plus souvent victimes de l'absence ou de l'insuffisance de l'aumône des garanties.

La perennité ferait certainement disparaître cette tache odieuse pour les gouvernements et pour la société ; et c'est vous, l'un des plus éclairés professeurs d'économie industrielle, qui appuyez ce grand méfait gouvernemental !

Je vous suivrai pas à pas, pour détruire un à un, les pernicieux aphorismes de droit technologique que vous vous efforcé d'établir au grand préjudice, non-seulement de l'inventeur, mais du public entier ; par exemple; vous dites que la loi destinée a régler le chapitre de la propriété industrielle doit limiter la durée de la jouissance, *afin d'éviter des chicanes et des contestations.*

Si vous avez peur des chicanes et des contestations, il faut abolir tout d'un coup la propriété ; mais ce qui mettrait légalement fin aux brevets et à vos craintes, ce serait l'impôt léger mais progressif que j'ai proposé; parce que, lorsqu'on cesserait de le payer on cesserait de posséder, et l'on payerait tant qu'on y trouverait quelqu'avantage et tant qu'on jouit d'un avantage dû à la société, on lui doit une redevance.

On repousse cet impôt et l'on à tort, ce serait le meilleur des impôts ; car il serait volontaire, et le gouvernement n'a pas le droit d'exempter de l'impôt, une catégorie de propriétaires, quand il met à leur disposition ses tribunaux, son administration, son armée, tous ses instruments de protection enfin.

Les industriels, les inventeurs et les savants sont tout à fait disposés à supporter leur part d'impôt, en échange de la part de protection qu'ils demandent pour leurs découvertes.

Ils sont trop fiers pour accepter vos charités, ils ne demandent que votre justice.

L'émulation qui anime les fabricants et les dessinateurs d'étoffes s'anéantirait dites vous, s'ils n'étaient assurés de recueillir les fruits de leurs travaux. Eh bien, croyez vous que ce besoin de garantie n'existe pas pour tous les inventeurs ? et voyez-vous fleurir les inventions dans les pays où cette garantie manque ? Il est donc utile *d'exciter de plus en plus le talent par une jouissance exclusive, proportionnée aux frais et mérites de l'invention.* Ce sont là vos propres paroles, ce qui prouve le pas énorme que vous avez déjà fait dans les bons principes, un pas de plus dans la généralisation de ces principes et nous serons d'accord avec les *Boufflers*, les *Eude*, les *Molard*, et nous serons aussi avancés que les membres de la *Constituante.*

La différence du prix des objets, dites-vous, ne saurait suffire pour introduire une distinction dans la durée de jouissance. Un seul mot manque à votre phrase pour être logiquement et légalement correcte; il fallait dire : la différence du prix ou la *nature* des objets inventés, ne saurait suffire pour introduire une distinction dans la durée de jouissance ; car l'étendue de la vente, compense la vilité du prix, pour élever au même niveau l'intérêt du fabricant. Ajoutez, et *de la société.*

« Le plus souvent, la déchéance du privilége au bout du temps fixé » est donc agréable à l'industrie, sans être profitable à la société ». Ici vous seriez parfaitement orthodoxe en Monautopole si vous étendiez cette opinion à tous les genres d'inventions.

La crainte qu'une durée de possession trop prolongée d'un procédé industriel ou d'une machine nouvelle, qui seraient exploités librement à l'étranger, ne fit du tort à l'industrie du pays ou elle resterait brevetée, est un véritable enfantillage ; les preuves en suintent de toute part; en Prusse, en Belgique, en Italie, en Espagne et partout ou une invention n'est pas brevetée ou l'est mal, ces inventions ne s'établissent pas, ou ne le font qu'avec timidité et tardivement ; c'est la France, c'est l'Angleterre surtout, le pays des brevets, le pays des brevets bien protégés, qui leur fournissent les produits de ces inventions ; mais à l'expiration de ces brevets, la libre concurrence s'en empare, l'exécution devient de plus en plus mauvaise, par suite de la nécessité de lutter de bas prix, et le consommateur se dégoute d'une chose, dont la qualité ne répond plus, ni à son attente, ni à ses besoins. Demandez aux lampistes l'histoire de la *lampe solaire* dont la chute dans le domaine public a été le tombeau ; car c'est en résumé l'histoire du martyrologe industriel dont vous retrouverez la table dans vos 59 volumes in-4° des brevets expirés. Cela tombe sous le sens; pour produire bien et à bon marché, il faut de grandes fabriques et des machines puissantes, et pour cela, il faut de grands capitaux ; mais pour obtenir de grands capitaux il faut de grandes garanties ; or comment pouvez-vous en trouver dans un brevet à court terme, ou sans brevet ? Ce serait chercher des actionnaires pour un chemin de fer ou pour un canal, dont la concession ne serait que de 10 ou 15 ans; évidemment vous n'en trouveriez par un seul. Il en est de même pour les fabrications nouvelles; pas de temps, pas d'argent.

Vous ne paraissez pas tenir à la publicité des dessins et modèles de fabrique autant qu'à celle des brevets ; vous approuvez donc l'art. 6 de la loi de M. Cunin-Gridaine, qui veut que les dessins soient déposés en double, scelés du cachet du déposant et contre-scelés par le secrétaire, chargé du dépôt ; de sorte que ces dessins sont invisibles et inaccessibles a tout le monde, — eh bien, je crois, qu'en pareil cas la propriété n'est pas assurée contre la contrefaçon. Admettons que l'inventeur ait vendu ou donné son dessin à un fabricant anglais, et qu'un fabricant français l'achète à Londres, l'emporte et l'établisse en France ; comme cela vient d'arriver à M. Lubiensky.

Je dis que les juges ne condamneront pas le contrefacteur, attendu qu'il pourrait exciper de son ignorance, si les brevets n'étaient pas accessibles au public, immédiatement après leur concession ; ces dépôts n'auraient pas plus force de loi qu'un arrêté non promulgué.

Ainsi, le sceau apposé sur les deux copies des dessins deposés, fait qu'il n'y a pas de propriété et rend la loi votée par la chambre des pairs, tout à fait illusoire et nulle de plein droit.

Pourquoi exige-t-on deux copies, c'est pour que l'une des deux reste ouverte et accessible à tous les fabricants, pour les avertir que tel dessin qu'ils s'apprêtent à faire graver sur cylindre ou monter sur Jacquart est la propriété d'un autre et qu'ils doivent la respecter.

Quand on voit des lois aussi importantes traitées avec autant de légèreté, n'est-on pas en droit de dire avec M. Victor Hugo, que ces messieurs ne se doutent pas qu'ils blessent les *racines de la civilisation même.*

M. Cousin est d'avis que le droit sur les produits de l'intelligence est un droit de propriété, et que les limites fixées à ce droit n'en altèrent pas le caractère ; vous combattez son opinion, en disant, que c'est un droit *sui generis*, différent par son essence de la propriété matérielle ;

Vous auriez raison s'il s'agissait de breveter la pensée à l'état métaphysique, les inventions à l'état embryonnaire ; mais la loi d'appropriation ne porte que sur la pensée matérialisée, la pensée devenue livre, partition, estampe, statue, étoffe, machine, etc., la pensée rendue mobilière enfin.

Comprenez-vous maintenant que ce n'est point une propriété *sui generis* ; mais une propriété identique à la propriété mobilière, si toutefois vous croyez pouvoir contester son assimilation à la propriété foncière.

A quoi servent d'ailleurs ces distinctions sophistiques, si le bon sens, la justice, la raison, l'intérêt social sont d'accords pour trouver bon, l'établissement d'une *propriété intellectuelle perpétuelle* ; il ne faut pas hésiter, ni perdre son temps à ergoter sur la nuance de l'étoffe quand le besoin d'un habit se fait sentir.

2.

Vous le dites vous-même ; « ne nous égarons pas dans les hautes ré-
» gions de la métaphysique du droit ; ne disputons pas sur les mots.
» Le droit de jouissance exclusive et *temporaire* de l'auteur des mo-
» dèles et dessins, mérite la même faveur que le droit de propriété, et
» sollicite les mêmes garanties. » Tout à l'heure je vous reprochais
d'avoir omis un mot, ici vous en avez mis un de trop, c'est le mot
temporaire, supprimez l'un, remettez l'autre et je serai d'accord
avec vous, comme je le suis avec M. Passy quand il dit : « Inquiéter
» l'industrie artistique, diminuer la protection dont elle jouit mainte-
» nant, c'est risquer d'abaisser notre production, de la faire descendre
» au niveau de celle de l'Angleterre, qui, puissante par les machines,
» pêche surtout par les objets de goût. »

Savez-vous pourquoi elle est plus puissante par les machines ? C'est
parce qu'elle accorde aux machines des patentes beaucoup plus solides
que les vôtres et depuis beaucoup plus longtemps.

Savez-vous pourquoi la France est plus puissante que l'Angleterre
par les objets de goût ? C'est parce que la France accorde depuis 50 ans
des priviléges perpétuels aux inventeurs d'objets d'art et que l'Angleterre n'en accorde pas plus que l'Allemagne, pas plus que le reste de
l'Europe, que l'on accuse de manquer de goût, quand ce sont leurs gouvernements seuls qui manquent de prévoyance et de lumières.

Voilà qui est péremptoire en faveur du privilége et de la protection,
Ce qui devrait vous faire pressentir les bons effets que l'on doit attendre
du *monautopole* perpétuel des œuvres de l'intelligence.

Comment après cela fermer les yeux sur les avantages d'une longue
protection, accordée aux inventeurs en tous genres ? Et vous M. Wol-
lowsky, comment pouvez-vous vous laisser devancer dans votre spécia-
lité, par MM. Cousin, Passy, Victor Hugo, Daru, Dubouchage et
d'Argout, qui n'ont pas eu plus de temps que vous pour réfléchir sur
les avantages du *monautopole*, cela n'est pas bien ; c'est pourquoi je
me permettrai d'affliger votre cœur d'économiste politique, par quelques aphorismes de ma façon.

L'industrie veut le *monautopole*, et le commerce la liberté !

Ne laisse pas faire tout à tous, mais laissez passer tout et tous.

La concurrence entre les fabricants non soumis à la marque est
fatale aux consommateurs ; la concurrence entre les marchands soumis
à l'estampille leur est avantageuse.

Le monopole de la fabrication d'un produit breveté est le triomphe du bon
marché et de la bonne exécution ; la libre fabrication du même produit,
est cause de l'abaissement continu de ses qualités et de son délaissement
final.

— L'abolition du domaine public est un des plus grands progrès
que puisse accomplir un gouvernement, dût-il le donner pour rien.

Je termine en demandant une loi qui garantisse :

A l'inventeur — la propriété perpétuelle de ses œuvres afin qu'il ait selon sa capacité.

Au fabricant — la propriété de sa marque, afin qu'il ait selon son habileté.

Au marchand — la propriété de son estampille, afin qu'il ait selon a discrétion et sa probité.

A l'ouvrier — la propriété de son travail, afin qu'il ait selon sa force et sa fidélité.

DES INVENTIONS

ET

DES INVENTEURS.

par M. GARDISSAL. Ingénieur civil, membre de la Société d'encouragement.

——

Il y a dans ce double titre l'indication d'un ordre d'idées, d'une classe d'hommes peu explorés, peu étudiés, trop méconnus par conséquent. Les *Inventions!*... vous savez ce qu'on en dit quand on daigne s'en occuper; les *Inventeurs !* vous savez ce qu'on en pense lorsqu'on veut bien songer à eux. Quand l'Institut a mentionné les noms de quelques inventeurs, et que la Société d'encouragement a inséré aussi dans ses bulletins quelques rapports bienveillants sur les inventions, tout est dit : *Inventeurs* et *Inventions,* tout rentre dans le silence et dans l'oubli! Seulement, vous pouvez lire quelquefois à la quatrième page des journaux qu'une idée a trouvé grâce devant tel ou tel capitaliste, et qu'il y a exploitation de cette idée garantie temporairement par un brevet. Hors ce cas, vous ne trouverez plus nulle part l'inventeur et l'invention, à moins toutefois que le feuilleton d'un journal peu sérieux n'égaie ses lecteurs par le récit plaisant d'une découverte récente.

Pourquoi, dans un temps où les sciences d'observation font d'incontestables progrès, pourquoi l'un de nos savants, à qui la fortune et la gloire ont fait d'honorables loisirs, n'emploierait-il pas quelques-uns de ces loisirs à rechercher ce que deviennent enfin ces inventions si nombreuses, si chèrement payées annuellement à l'État, et pourtant si délaissées? Il ne serait pas indigne de la science de pénétrer quelque peu dans cette étude, car, en bonne justice, cette recherche aurait certes son utilité. Il est bien que l'on fouille dans nos annales, que l'on fouille dans les ruines de Ninive, de Palmyre, etc., etc. Il est bien que l'on charge de missions scientifiques des savants en disponibilité, etc., etc. Mais serait-il moins convenable aussi de s'enquérir de la fin dernière de tant d'inventeurs, qui, après tout, ont laissé une trace de leur passage sur les registres des caisses de l'État ?

Cette étude, selon nous, ne serait pas tout à fait perdue, et si toutes les observations étaient bien recueillies, bien disposées, il en résulterait plus d'un enseignement pour l'économiste, pour le législateur, pour l'industriel et même pour l'inventeur à venir. Le gouvernement lui-même y trouverait un conseil qui le ramènerait peut-être à la révision de cette loi des brevets, contre laquelle réclament et ceux qui la subissent et ceux qui l'ont faite.

Mais pour cela il faudrait étudier, étudier longtemps ; et qui oserait avouer qu'il s'occupe des inventions et des inventeurs ? Poursuivre jusque dans ses derniers retranchements un élément rebelle, un radical insoumis qui n'entend pas se laisser isoler, à la bonne heure! mais rechercher quelle a été, quelle est la destinée de cet inventeur qui fut, qui est votre contemporain, votre compatriote, votre concitoyen; qu'on loua jadis, hier, à l'Institut; qui fut, qui est père de famille; qui a payé, qui paie peut-être encore pour une invention dont le fisc seul profite... : s'occuper de cela! personne n'oserait l'entreprendre et moins encore l'avouer.

Un seul homme a eu ce courage. Qui ne connaît la figure souffrante et résignée de ce type de l'inventeur, que l'auteur de la *comédie humaine* a nommé *David Séchard!* Exprimons, en passant, le regret que M. de Balzac n'ait pas fouillé encore plus profondément cette idée de l'inventeur, qui allait si bien à son caractère et à son talent.

Donc aussi, à propos des inventions et des inventeurs, il y aurait, pour nous servir d'une expression consacrée, *quelque chose à faire.* Ce quelque chose, nous ne l'entreprendrons pas, par deux motifs, parce que ce travail exigerait tous les loisirs d'un écrivain retraité, et que nous ne pouvons abuser de l'hospitalité que la *Presse* veut bien accorder au *compte-rendu* des inventions, en mettant sous les yeux de ses lecteurs le martyrologe des inventeurs de notre temps.

D'ailleurs, il faut constater que les hommes d'invention, nos contemporains, ont aussi le bénéfice de l'adoucissement général de nos mœurs et de nos lois. Lorsque ces hommes jettent un coup d'œil rétrospectif sur le passé, ils sont forcés de reconnaître que leur situation est meilleure que celle de leurs illustres devanciers. On leur permet de prendre et même d'usurper, moyennant finances, le titre d'inventeur. Ils n'ont donc pas à redouter la ciguë de Socrate, le cachot de Galilée, l'exil de Descartes, le sort de Papin, de Fulton, de Jacquart et tant d'autres, car il faut se borner. C'est une amélioration évidente; mais, s'ils sont à l'abri des persécutions violentes que nous venons de rappeler, attendu qu'on ne persécute plus personne, ils ont de bonnes raisons pour ne pas compter sur une protection efficace de la part de qui que ce soit. Que si, poussés par leur génie, ils vont au delà des limites de la caisse, toujours très-arithmétique, ils sont tout simplement exposés à la contrainte par corps, témoins M. de Riders, M. Sauvage, qui sortent de prison. Qui se souvient encore de tout ce qu'a fait M. de Riders pour les chemins de fer? Assurément, les joueurs de la Bourse ne savent pas son nom.

Ainsi, les inventeurs, dans notre temps, n'ont ni à craindre des persécutions stupides, ni à espérer des encouragements éclairés. On jouit de leurs découvertes comme on jouit d'un beau jour, d'un beau soleil, sans remonter à la cause de cette lumière, de cette chaleur.

Depuis le grand seigneur jusqu'au simple ouvrier, depuis le riche manufacturier jusqu'au petit débitant, à toutes les latitudes de l'échelle sociale, cherchez et trouvez quelqu'un qui remercie l'inventeur à qui il doit une somme plus grande de jouissances, un meilleur emploi de sa force, de son temps ou de son argent! Le matelot croit que la roue et l'hélice datent des Phéniciens; l'ouvrier suppose que la dorure, sans l'emploi de mercure, est un fait qui n'oblige à aucune gratitude. Le marchand, qui fait en quelques heures ce qu'on appelait hier un long voyage, et qui, par cette rapidité même, triple ses bénéfices, ne pensera même pas à l'homme qui a créé ces moyens merveilleux de locomotion.

Interrogez ces myriades d'ouvriers qui peuplent les usines, les ateliers bien établis, bien outillés. Certes, ils n'ont plus à dépenser cette force musculaire, dans un travail qui les assimilait autrefois à la *bête de somme.* Les machines font tous les frais de la *force*; il n'y a qu'à les *servir* avec intelligence...

Eh bien! interrogez les ouvriers qui, les bras croisés, voient fonctionner l'appareil intelligent; ils ne savent pas même le nom de l'inventeur.

Cet oubli, cette indifférence que nous constatons dans le peuple, nous les retrouvons dans les hautes régions de la société et du gouvernement.

Sans nul doute, l'État doit être fier des développements de l'industrie. Il a raison de constater avec orgueil les progrès réels de notre fabrication; mais pourquoi, dans ses lois, dans ses expositions, dans la répartition de ses récompenses, la pensée, les intérêts, les droits des inventeurs ne sont-ils pas plus présents à ses yeux? Certainement le fabricant qui expose a des titres incontestables aux récompenses de l'État, mais, derrière le fabricant ou le capitaliste, il y a l'inventeur qu'il faudrait toujours voir et même chercher s'il se tien à l'écart.

Cette insouciance publique à l'égard de l'inventeur se retrouve dans la loi qui régit les brevets. Avec les meilleures intentions et malgré une discussion savante, on a laissé se glisser dans cette loi des lacunes regrettables. Il semble que le gouvernement et le législateur ne se soient préoccupés que de deux choses, le gouvernement, de faire une loi d'une application facile, et le législateur, d'obéir aux principes de non-examen, qu'il a cru libéral et juste. Entre ces deux préoccupations, il y avait l'intérêt de l'inventeur, que l'on n'a ni assez pesé ni assez sauvegardé, ainsi que nous essaierons de le prouver en temps utile.

Et pourtant cet intérêt devait, dans cette question, primer tous les autres; car l'inventeur est la cause première de tout progrès industriel. Ainsi que le fait observer M. Jobard, de Bruxelles, il n'y a d'industrie que là où il y a des inventeurs. Notre industrie nationale ne date que du jour où les inventeurs ont eu des garanties légales, c'est-à-dire en 1791. Supprimez l'inventeur il n'y a plus d'industrie. En Italie, à Constantinople, en Espagne, etc., il y a du commerce, mais il n'y a pas d'industrie, parce qu'il n'y a pas des inventeurs.

Nous disons plus, si l'esprit d'invention se retirait de l'industrie française, notre fabrication, notre travail national seraient immédiatement atteints, paralysés, et la France descendrait jusqu'au niveau des nations qui s'essaient à peine à la production industrielle.

Le délaissement, l'abandon dans lesquels sont placés les inventeurs parmi nous, les lacunes de la loi, le manque d'initiative dans les comités consultatifs, l'indifférence méprisante des capitaux qui ne connaissent que le chemin de la Bourse; tout parmi nous concourt à décourager les hommes d'invention. Ce que la révocation de l'édit de Nantes fit violemment, nous tendons à l'opérer, lentement sans doute, mais avec une persévérance qui ne se lasse pas. On prend en France un brevet parce que, si cela ne donne rien, ça ne coûte pas grand'chose. Aussi les inventeurs sérieux, et il y en a beaucoup, regardent comme une formalité utile de demander un brevet en France, et, ce brevet pris, ils vont immédiatement en Angleterre, où ils ont l'espoir de trouver des capitaux, de la gloire et du profit.

Heureusement qu'un obstacle s'oppose encore à ce que nos inventeurs aillent solliciter en masse l'hospitalité britannique. La législation anglaise, plus sérieuse que la nôtre, entoure les demandes de brevets de lenteurs, de formalités et de dépenses surtout, qui arrêtent l'émigration que nous signalons dans une proportion considérable. Il faut payer près de 10,000 fr. pour obtenir une patente dans le Royaume-Uni. Si, à cette dépense, on ajoute les frais de toute nature qu'entraînent un déplacement et un séjour en Angleterre, toujours coûteux, on se rendra compte de la portée de cet obstacle, opposé heureusement à l'émigration de nos découvertes brevetées.

Admettons pour un moment que nos inventeurs trouvent dans la législation anglaise les mêmes facilités que dans notre loi des brevets, il en résultera immédiatement : 1° Que nos inventions iront vivifier l'industrie de nos voisins ; 2° Que la France, par l'effet des tarifs de douanes, ne pourra jouir et profiter des découvertes de ses enfants. Nous sommes par trop déjà les tributaires de la fabrication anglaise, il serait temps de nous en affranchir. Mais la première chose à faire pour atteindre un but si désirable, c'est de prendre au sérieux enfin les droits et les intérêts des inventeurs.

Prendre au sérieux les inventeurs !...

Ici il faut répondre à des objections, objections peu sérieuses. On dit : *Il y a tant de mauvais inventeurs et de mauvaises inventions !*

Ecoutons la réponse de M. Jobard :

« Il y a tant de mauvais inventeurs et de mauvaises inventions, disent-ils, sans songer qu'il y a tant de mauvais écrivains, de mauvais peintres, de mauvais poètes ; tant de mauvais terrains, de mauvaises herbes, de mauvais fruits et de mauvais cœurs ; ce qui est la preuve, nous pourrions dire la cause, qu'il y en a de bons...

» Il est vraiment incroyable qu'il faille encore démontrer la nécessité de protéger les inventions, il est incroyable que nos économistes, que nos législateurs, que nos journalistes ne comprennent pas l'importance du rôle des inventeurs sur la scène du monde, et qu'ils ne l'aient pas encore analysé, défini, constaté et réhabilité. »

Oui, quoi qu'on en puisse dire, l'inventeur est le père, la source première, l'âme de tout progrès industriel, de toute civilisation. Si la France règne sur le monde entier par sa fabrication avancée, par l'élégance exquise de ses *articles de goût*, par ses fantaisies inimitables, par les mille perfectionnements qui portent son cachet unique, elle doit cet avantage incontesté à l'esprit d'invention qui est l'un de ses plus glorieux attributs. D'autres nations peuvent opposer et opposent aux productions de son sol des produits similaires ; d'autres peuples peuvent opposer et opposent à sa fabrication des fabrications ou supérieures ou rivales ; mais, dans toutes les créations de *goût*, elle règne en souveraine, et cette souveraineté ne lui est pas contestée. Pourquoi donc est-elle si injuste envers elle-même en se montrant ingrate et dédaigneuse pour ceux de ses fils qui créent, qui inventent, qui perfectionnent ?

Cet état de choses est violent et injuste. Ce qui est violent ne dure pas, dit-on ; ce qui est injuste ne saurait durer aussi. La *Presse*, la première, consent à prêter aux hommes d'invention l'appui de son immense publicité : c'est un premier pas, c'est un premier bienfait. Elle a eu si souvent l'initiative de tant d'autres améliorations qu'elle devait prendre tout naturellement l'initiative de celle-ci. Espérons qu'un même sentiment de justice et de bienveillance pour les inventeurs éveillera ailleurs les mêmes sympathies, et que d'autres voix se joindront à la sienne et à la nôtre pour protéger l'esprit d'invention, c'est-à-dire l'élément le plus vrai, le plus caractéristique du génie français.

Appel aux fabricants Français.

—

Est-il besoin de démontrer qu'aujourd'hui le fabricant est le très-humble serviteur du marchand?

Que le producteur a beau faire des prodiges de bon marché, le commissionnaire n'est jamais satisfait, et le menace sans cesse de le laisser dans la misère lui et ses ouvriers, s'il ne consent à des nouvelles réductions?

Fabricants de Paris! Sortez donc un jour de vos ateliers pour aller vérifier dans les magasins le prix des objets sortis de vos mains, et vous serez stupéfaits des bénéfices exorbitants que les intermédiaires prélèvent sur votre travail!

Vous comprendrez alors que si le débit n'est pas aussi actif que vous étiez en droit de l'espérer, cela tient à l'exagération des prix de détail qui éloignent le consommateur.

Les producteurs ont eu le plus grand tort de se soumettre aux commissionnaires, et surtout de pousser la condescendance au point de se prêter, sans résistance, à toutes les fraudes et adultérations qu'ils leur imposent.

Il est temps que cet abus finisse et que chacun reprenne sa véritable position dans la société; le moyen est fort simple et se trouve tout entier dans la *marque d'origine obligatoire* dont la chambre est saisie en ce moment.

Avec la *marque* le fabricant sortira de l'obscurité où les intermédiaires ont tant d'intérêt à le tenir, pour cacher le lieu de provenance des produits et surfaire impunément.

C'est ainsi qu'ils s'enrichissent facilement en vous tenant toute votre vie dans la gêne et sur la limite de la banqueroute.

Avec la marque, tout travailleur aura comme le soldat de l'empire, *son bâton de Maréchal dans son sac!*

Oui! la *marque* d'origine est la clef de la renommée, de l'achalandise et du crédit: l'instrument impartial de la justice distributive; le rénumérateur inflexible des bonnes et mauvaises œuvres!

Si le travail est la seule *source légitime de la considération, des honneurs et de la richesse,* la *marque* est le seul moyen d'en perpétuer la possession dans la famille.

La marque sera pour l'industriel un *blason* qu'il s'efforcera d'ennoblir par son talent et sa probité, et dont la valeur est susceptible de s'accroître encore de génération en génération.

Fabricants, Artistes, Artisans français, appuyez de vos pétitions la courageuse délibération du conseil général de la Seine; vous obtiendrez de la législature cette première solution si désirée de l'organisation du travail, vous prouverez au monde que votre probité est au niveau de votre talent et que vous n'êtes point coupables des tromperies qui ont flétri d'un si fâcheux renom, la plupart des produits français à l'étranger.

Demandez, pour plus de garantie, la légalisation de vos marques par le *timbre de la cité* et le *sceau de l'État,* afin que votre signature puisse faire foi par toute la terre !

Vous fermerez ainsi la bouche aux seuls détracteurs de la marque d'origine, que vous avez fait la faute d'élever à la législature, parce qu'ils étaient devenus puissants par le commerce anonyme et que vous étiez sous leur dépendance. On se demande s'il s'en trouvera un seul assez dénué de sens moral pour élever la voix contre une pétition qui demandera *que chacun soit responsable de ses œuvres !*

N'hésitez pas à appuyer le gouvernement si vous voulez qu'il vous aide ; car les ministres sont aussi bien que vous sous la pression des commissionnaires et de ses professeurs d'économie politique.

C'est à vous, les véritables auteurs et représentants de la fortune industrielle de la France, qu'il appartient de réclamer vivement une mesure destinée à ramener la sincérité, la justice et la probité dans les relations commerciales de la France avec les peuples étrangers, qui ne tarderont pas à vous imiter tout en vous admirant.

Ne redoutez ni les menaces, ni les conséquences de votre honorable démarche ; car à dater du moment où vous serez unis dans ce but, rien de plus facile que de vous entendre, s'il le faut, pour établir de *grands bazars* où vos produits divers seront débités par vos *préposés* à cinquante pour cent de moins que par les intermédiaires actuels. Ces intermédiaires, vos maîtres aujourd'hui, reviendront demain ce qu'ils n'auraient jamais dû cesser d'être, vos *commis,* vos *agents* et les très-humble serviteurs du public, qui ne pourra, comme vous, se soustraire à leur rapacité croissante que par la *marque d'origine obligatoire !*

La marque obligatoire.

PÉTITION DES FABRICANTS FRANÇAIS A LA CHAMBRE DES DÉPUTÉS.

Les souffrances de l'industrie sont trop graves et trop avérées pour qu'il ne soit pas nécessaire d'appeler l'attention des législateurs sur les causes de ce mal et sur les moyens d'y rémédier

Ce n'est pas le manque de libertés qui s'oppose au développement progressif et régulier de notre industrie, c'est l'insuffisance de garanties contre le nombre toujours croissant des fraudes commerciales, si souvent signalées par nos agents consulaires à l'étranger, et à l'intérieur par nos conseils de salubrité.

L'absence de toute responsabilité directe, a ouvert une si large carrière à toutes les espèces de sophistications, que c'est à peine s'il est possible de se procurer encore un seul produit qui ait échappé aux manipulations de la fraude.

On dirait que tout le savoir-faire commercial consiste dans l'altération la plus adroite de la qualité et de l'origine des marchandises.

Ce n'est point là ce qu'on devait attendre de la libre concurrence qui s'est si promptement écartée de la voie loyale dans laquelle elle avait débutée, au sortir des entraves que les jurandes et les maitrises imposaient jadis à l'industrie.

Nous sommes loin de vouloir retourner à ce régime d'odieuse mémoire, nous voulons la liberté de travailler, mais non la liberté de tromper.

Nous demandons que des mesures soient prises pour que nos produits puissent parvenir aux mains des consommateurs tels qu'ils sortent des nôtres.

Les fabricants honnêtes ne craignent pas d'avouer leurs œuvres et d'en accepter la responsabilité personnelle.

Il est temps de mettre un terme à ce trafic immoral et coupable qui ne profite qu'aux fraudeurs et qui finira par faire mettre tous les fabricants français au ban du commerce du monde.

Nous joignons donc nos vœux à ceux du Congrès de Reims, de la *Société d'encouragement* et du *Conseil général* de la Seine, pour que la marque de fabrique soit législativement *déclarée* OBLIGATOIRE POUR TOUS LES PRODUITS SUSCEPTIBLES D'ÈTRE MARQUÉS, et ils le sont tous.

Nous demandons de plus, que la marque du fabricant soit légalisée par le timbre de la cité pour l'intérieur, et par le sceau de l'État pour l'étranger, afin qu'elle puisse faire foi comme nos signatures sur tous les marchés du globe, et nous donner le droit d'invoquer au besoin l'intervention de nos consuls, contre les faussaires, à quelque nation civilisée qu'ils appartiennent.

Nous sollicitons enfin les moyens de nous créer par notre travail une clientèle croissante et transmissible, qui sera pour nos enfants le plus honorable des patrimoines, celui du talent et de la probité de leurs pères ; nous nous portons garants pour eux, qu'ils tiendront à honneur de le conserver intact et de l'étendre encore de génération en génération.

Or, la *marque d'origine obligatoire* est le moyen le plus efficace et peut-être le seul nécessaire pour arriver à l'organisation de l'industrie et du commerce, que tous les fabricants et les consommateurs réclament comme un bienfait, comme une justice, comme un droit ?

NOTA. — Plusieurs fabricants français ont désiré que cette pétition fut rédigée par celui qu'ils appellent, *le créateur, le père de l'œuvre régénératrice, auquel il appartient,* disent-ils, *de prendre l'initiative, au nom de l'industrie toute entière.* Ils ajoutent : qu'avant 10 jours, *deux mille industriels de premier ordre viendront, par leur signature, donner un éclatant témoignage de l'estime générale qu'ils lui portent,* etc.

LA FORCE, LE CAPITAL ET LE DROIT.

TRILOGUE

entre un géant, un nain et un avocat.

LE GÉANT (courroucé)

Si tu raisonnes je te claque, si tu bouges je t'écrase !

LE NAIN.

Tout doux camarade! c'était bon autrefois, le plus fort était le maître, mais on y a mis bon ordre et aujourd'hui je suis aussi grand que toi devant la loi !

LE GÉANT.

Je me moque de ta loi

LE NAIN.

Et du juge de paix et du procureur du roi et du gendarme?

LE GÉANT.

Je me moque de tout, y compris le gendarme!

LE NAIN.

Mais on appellera dix gendarmes, vingt gendarmes, un régiment, vingt régiments, il faudra bien que *force reste à la loi!*

LE GÉANT.

Tu m'en diras tant ! mais c'est contre nature ; car Dieu m'a donné la force pour commander, il t'a fait petit pour obéir.

LE NAIN.

On a longtemps crû cela, mais les vieux s'étant aperçus qu'une grosse bête écrasait souvent un petit homme d'esprit, ont trouvé un moyen de protéger le faible, en mettant *le droit à la place de la force,* comprends-tu?

LE GÉANT.

De sorte qu'il ne m'est plus permis de casser le cou à ceux dont la figure me déplait!

LE NAIN.

Tu l'as dit mon cher, et c'est heureux!

LE GÉANT.

Voilà qui est drôle tout de même, et pourtant cela ne me paraît pas trop mal ; car enfin je pourrais trouver aussi mon maître, et maintenant je puis dormir tranquille ; au fait, j'aime mieux ça !

LE NAIN.

Certainement que cela est bien mieux ; parce qu'on peut à présent se livrer avec sécurité à l'étude et au travail, on peut faire de la science, de l'art, de l'industrie, etc.

LE GÉANT.

A propos d'industrie, je te dirai, mon petit, que j'ai commencé une fabrication excellente ; si j'avais le moyen d'acheter les machines et d'agrandir ma fabrique, ma fortune serait bientôt faite !

LE NAIN

Dis-moi qu'elle est ton affaire !...J'ai des capitaux moi, et je pourrais peut-être t'aider.

LE GÉANT.

Vrai ! tu n'abuseras pas de ma confiance, n'est-ce pas ?

LE NAIN.

A condition que tu ne me cache rien, et que tu m'explique tes moyens d'écoulement, l'adresse de tes fournisseurs et de tes correspondants ; car enfin je dois tout savoir, tout peser, avant d'exposer mon argent ; les affaires sont si scabreuses aujourd'hui !

LE GÉANT (éthérisé).

Rien de plus juste mon bon monsieur, je vous conduirai chez moi, je vous montrerai mes procédés, mes livres, vous verrez! vous verrez !

LE NAIN.

Eh bien ! demain à huit heures je serai chez toi ; tu me permettras d'amener un de mes amis, un avocat distingué ?

LE GÉANT.

Tant que vous voudrez, au revoir ; (à part) quel bon petit homme du bon Dieu!

Le nain et l'avocat revenant de la fabrique du géant.

LE NAIN.

Savez-vous que cet animal, a là une bien belle affaire?

L'AVOCAT.

Ah bah ! il ne gagne pas plus de cinq pour cent sur ses alumettes, j'ai compulsé sa main courante.

LE NAIN.

Oui, mais comme il vend pour cent francs d'alumettes tous les matins et au comptant, cela fait cinq pour cent par jour?

L'AVOCAT.

Eh bien ! la belle affaire, un homme qui gagne cinq francs en travaillant comme un nègre, avec sa femme et ses enfants.

LE NAIN.

Comment la belle affaire ! un placement d'argent à 1800 pour cent par an ; vous n'y pensez pas ; c'est superbe, je vais m'associer avec lui, lui prêter mes capitaux ; ce sera l'association du capital, du travail et du talent, mais c'est mieux qu'une mine d'or ! ce que c'est pourtant qu'une industrie qui n'a l'air de rien, des alumettes!

L'AVOCAT.

Vous seriez bien sot de vous associer avec lui et de lui prêter vos capitaux, montez plutôt une fabrique pour vous seul.

LE NAIN.

Et des ouvriers?

L'AVOCAT.

Il n'en a qu'un, vous le lui prendrez, il vous en formera d'autres.

LE NAIN.

Et les procédés?

L'AVOCAT.

Cet ouvrier les connaît; d'ailleurs, il nous a dit son secret; vous savez : le *sulfure d'antimoine* au lieu du *chlorate de potasse* qui éclate et crève les yeux.

LE NAIN.

Mais s'il a un brevet?

L'AVOCAT.

Ah bah! les brevets, on s'en moque ; et d'ailleurs il n'a pas le moyen de plaider, et puis les tribunaux ne condamnent presque jamais, ou à de si faibles amendes les contrefacteurs, que ça ne les empêche pas d'aller leur train.

LE NAIN.

Bien sûr?

L'AVOCAT.

Je me charge, s'il ose vous attaquer, de faire durer le procès plus longtemps que son brevet. — Est-ce qu'un homme riche comme vous, doit s'arrêter devant ces misères là? Est-ce que la liberté du travail n'est pas sortie triomphante des ruines de la Bastille?

LE NAIN.

D'ailleurs, ses allumettes, sont rouges, et je puis prendre un brevet pour faire des allumettes vertes; n'est-ce pas?

L'AVOCAT.

Sans doute ; voilà une fameuse idée, ce sera un brevet de perfectionnement que je suis sûr de vous faire obtenir; je connais un membre du comité d'examen, c'est un bon enfant, qui dit qu'on n'a pas le droit d'examiner, ni de refuser un brevet.

LE NAIN.

C'est fameux ça, j'aurai le droit de mettre sur ma porte un bel écusson doré avec ces mots : *Breveté par Sa Majesté le Roi*. — Il faut convenir que j'ai eu bientôt fait une invention, moi, qui croyais que c'était si difficile?

L'AVOCAT.

Tiens! tiens ! voilà que j'en fais une à mon tour.

LE NAIN.

Qu'est-ce que c'est?

L'AVOCAT.

Ma foi, mon cher, je ne veux pas le dire; je prendrai aussi un brevet, quel trait de lumière!

LE NAIN.

Est-ce aussi dans les allumettes?

L'AVOCAT.

Certainement, et cela vaut deux fois mieux que votre invention ; je vais aussi monter une fabrique.

LE NAIN (effrayé).

Pourquoi se faire du tort ; ne vaut-il pas mieux s'arranger ; voulez-vous un intérêt !

L'AVOCAT.

Non, non, non, j'aime mieux une somme, et je vous lâche mon secret que vous mettrez dans votre brevet.

LE NAIN.

Combien voulez-vous?

L'AVOCAT.

Je pourrais vous demander cent mille francs ; mais je me contente de dix mille, parce que c'est vous.

LE NAIN.

Je n'ai sur moi qu'un billet de 500 fr., cela vous va-t-il?

L'AVOCAT (prenant le billet).

Je vous l'ai dit : c'est parce que c'est vous!

LE NAIN.

A présent votre secret s'il vous plaît?

L'AVOCAT.

C'est juste; vous avez inventé les allumettes à têtes vertes, avec lesquelles vous allez enfoncer les allumettes à têtes rouges, eh bien, moi, je vous aurais enfoncé tous les deux par la *tête bleue* et la tête jaune.

LE NAIN.

Ah! par exemple; ça n'était pas difficile à trouver cela!

L'AVOCAT.

C'était tout aussi difficile que vos têtes vertes!

LE NAIN.

Me voilà fait au même; mais c'est égal, je me rattrapperai sur l'autre ; je commence, dès demain, à monter mes ateliers sur un grand pied; le géant ne peut donner ses allumettes qu'à cinq centimes la boîte, je les donnerai à trois, pour le couler de suite, avec ce tas d'autres petits malheureux qui vivottent sur cet article dans tous les coins du pays.

L'AVOCAT

Voila ce qui s'appelle du savoir faire : Vive la concurrence, qui amène toujours le bon marché ; vous aurez la médaille d'or à l'exposition prochaine et peut-être la croix si vous soignez la presse ; N'ayez pas peur qu'après cela les tribunaux vous condamnent pour avoir débauché l'ouvrier du géant et pris ses procédés, ce serait contraire à l'admirable principe de la liberté de l'industrie.

LE NAIN.

Mais je compte bien remonter le prix de mes allumettes pour me rattraper, quand j'aurai écrasé mes concurrents.

L'AVOCAT.

C'est bien entendu, vous serez maître de le doubler pour toujours; c'est comme cela que ça se joue en industrie; ce qui n'empêche pas les gobes mouches de s'imaginer que la concurrence leur donne tout pour rien.

LE NAIN.

Nous en avons une drole de preuve pas le rencherissement et l'adultération toujours croissante, de toutes les denrées qui nous ruinent, quand elles ne nous empoisonnent pas.

L'AVOCAT.

Périsse la société plutôt qu'un principe; Voila la devise de notre brillante église économique-politique; il faut tâcher d'en profiter, voilà tout.

LE NAIN.

J'ai toujours entendu dire que celui qui spécule sur la sotise humaine ne risque jamais de rester sans chalands; Car il y aura toujours de vieilles bêtes de grandes bêtes et de petites bêtes, en abondance.

L'AVOCAT.

Les sots sont ici bas pour servir de pâture aux gens d'esprit, sans eux les avocats et les journalistes mourraient de faim.

LE NAIN.

Je vais donc écrire au Géant, que tout bien considéré j'ai changé d'avis, que son affaire ne me va pas et que j'ai trouvé un autre emploi de mes capitaux.

L'AVOCAT.

C'est cela, vous êtes un malin, digne de la bazoche; adieu Nini !

SIX MOIS APRÈS.

LE GÉANT *(forçant la porte du Nain)*.

Comment scélerat ! j'apprends que c'est toi qui a fondé au bout de la rue cette grande fabrique d'alumettes qui tue la mienne !

LE NAIN (effrayé.

Pas de bruit s'il vous plait ! causons tranquillement, ma femme a la migraine et mon petit la coqueluche, respect à la souffrance !

LE GÉANT.

Tu es bien heureux d'avoir une excuse, car je venais te casser le cou !

LE NAIN.

D'abord ce n'est pas moi même qui fabrique des allumettes, et si tu as un brevet fais le valoir, fais saisir cette usine; fais ta plainte au procureur du roi, au juge de paix, au ministre ou au roi qui ta breveté; que sais-je moi ! prends un avocat, un avoué, un huissier, des experts ! tous les citoyens sont égaux devant la loi !

LE GÉANT.

Est-ce que j'ai les moyens de payer tout ce bataclan judiciaire ? Est-ce que toute cette artillerie va marcher gratis ?

LE NAIN.

Le Code le dit, la justice ne se vend pas, mais cela coute cher, c'est vrai, que veux tu ?

LE GÉANT.

Avec cela que je n'ai pas de brevet; parce que je n'ai pas eu le moyen de payer l'amende de 1,500 francs.

LE NAIN (rassuré).

Ah tu n'as pas de brevet ! tu n'as pas de brevet ! en ce cas, mon cher tu n'as pas même droit de te plaindre, ton invention est du domaine public, chacun peut s'établir, même à ta porte, pour te faire une concurrence a mort, ce qui est bien facile puisque tu n'as pas de capitaux.

LE GÉANT.

De sorte que les gros capitaux peuvent impunément écraser les petits ?

LE NAIN.

Sais tu le flamand ?

LE GÉANT.

Non :

LE NAIN.

Dat heb ik lang geweeten
Dan de groten de kleinen eten!

LE GÉANT.

Mais quand tu me regardais de travers et que j'ai voulu te battre, tu m'as dit que les vieux avaient mis le droit a la place de la force et qu'il n'était plus permis au puissant d'écraser le faible; parce que la loi le protégeait ; ne pro . tége-t-elle pas le petit capitaliste contre les brutalités du gros?

LE NAIN.

Pas le moins du monde, et j'avoue que je n'en sais pas la raison, je la demanderai à mon avocat, c'est peut être ce qu'ils appellent une *lacune*.

LE GÉANT.

C'est impardonnable, c'est abominable que tous les capitaux ne soient pas, comme tous les citoyens, égaux devant la loi.

LE NAIN.

Dans le fait, puisqu'un petit homme ne peut pas être tué impunément par un grand, les petits industriels ne devraient pas être a la merci des gros; chacun devrait pouvoir dire comme le meunier de sans souci disait au roi de prusse: tu n'auras pas mon moulin, car il y a des juges à Berlin !

LE GÉANT.

Tu raisonnes fort bien, mais tu m'as pris mon industrie et j'ai bien envie de t'étrangler.

LE NAIN.

J'étais dans mon droit, tout ce que la loi ne défend pas est permis ; mais la loi te défend de m'étrangler sous peine de mort, et même de me menacer.

LE GÉANT.

Mais tes lois sont infâmes; puisqu'elles ne te punissent pas toi, qui me réduis à mourir de faim ; n'est-ce pas comme si tu m'empoisonnais avec ma femme et mes enfants?

LE NAIN.

Distingo ; comme dit mon avocat, il y a *le fas et le nefas...*

LE GÉANT.

Je te crache au nez et à la face et je vais me joindre aux émeutiers, je veux être pendu si je laisse pierre sur pierre dans ta fabrique ! Quand nous serons les maîtres, nous ferons la loi à notre tour; mais nous l'arrangerons de manière à mettre le droit à la place de la force partout et dans tout ; entends-tu !

Le plus petit inventeur, le plus petit importateur, le plus petit applicateur d'une industrie quelconque non pratiquée dans le pays, ne pourra pas plus en être dépouillé qu'un propriétaire, de son champ, à moins d'expropriation pour cause d'utilité ou d'agrément public, et après une juste et préalable indemnité. Voilà ce que mon gros bon sens me dit qui serait de la justice et de la bonne au moins !

LE NAIN.

Parfait, mon cher, tu raisonnes comme un jeune avocat qui n'a pas encore perdu, en instrumentant, les notions, du vrai et du faux, du juste et de l'injuste, tu devrais faire une pétition aux chambres, pour leur apprendre cela ; comme un certain Jobard qui a la simplicité de leur demander, s'il ne serait pas juste qu'un chacun fut *propriétaire et responsable de ses œuvres ?*

LE GÉANT.

Est-ce que cela fait question ?

LE NAIN.

C'est précisément la plus grosse question de l'époque et la première pierre de l'organisation du travail ; car le travail serait organisé aussi bien qu'il peut l'être, si chacun avait la propriété des œuvres de sa création et mettait sa marque sur tous les produits qui sortent de ses mains.

LE GÉANT.

Est-ce qu'il y aurait un gredin assez impudent pour s'opposer à cela? Où est-il que je le mange ! (*On sonne.*)

LE NAIN.

Le voilà ; c'est mon avocat qui entre, sois calme, entends-tu ? — Bonjour mon cher.

L'AVOCAT.

Bonjour messieurs, je suis bien aise de vous trouver réunis, je viens vous avertir que le baron de Wormspire vient d'ouvrir une énorme fabrique d'allumettes d'après le procédé autrichien ; qu'il a pris un brevet d'importation pour les allumettes rondes qui sont bien supérieures aux carrées, et qu'il les vend à moitié prix, pour vous couler tous, car il a des millions.

LE NAIN.

Mais c'est une infamie, il n'y a donc pas de loi pour protéger l'industriel moyen contre le gros ?

LE GÉANT (*se frottant les mains*).

Bon, voilà qui me console et me venge.

L'AVOCAT.

Rien mes amis, rien dans les lois, rien dans les codes ?

LE NAIN.

Je vais fermer mon établissement et mettre tous mes ouvriers sur le pavé;

LE GÉANT.

Bon! en voilà qui viendront grossir l'émeute, ça ira, ça ira les capitalistes on les....

L'AVOCAT.

Voilà ce que c'est que la libre concurrence, cette *noble conquête de la grande révolution* qui porte sur son étendart, la magnifique devise *laisser faire et laisser passer.*

LE GÉANT.

Oui *laisser faire* la montre et *laisser passer* le filou !

LE NAIN.

Il a raison, le grand, je me fais émeutier, radical, communiste, magnétiseur, éditeur, fournisseur, tout, puisqu'aussi bien je suis ruiné et furieux contre un ordre de chose qui ne me permet pas de travailler en paix; car il n'y a plus de garantie, plus de sûreté dès qu'il convient à des *assembleurs* de gros capitaux d'écraser les petits, il faut absolument une loi pour réprimer l'anarchie industrielle, sans cela on nous donnera, ou nous prendrons tant de libertés que nous retournerons au galop à l'état sauvage, qui paraît être le beau idéal, des amateurs du *laisser faire et laisser passer?*

LE GÉANT.

Tiens, tiens! comme le petit s'anime, tu as six pieds en ce moment, parole d'honneur ; je te prodigue mon estime et ma considération la plus distinguée.

L'AVOCAT.

Messieurs, le *jus romanum* et les *pandectes* n'ont décidé que la question du mur mitoyen; ils ne disent mot de la conduite des gros capitaux à l'égard des petits, pas plus que sur la propriété des inventions industrielles, artitisques, littéraires et commerciales, tant cela n'existait pas, ou était compté pour peu, dans Rome; or les chrétiens, ayant adopté le code des payens, ils n'ont pas le droit de se plaindre, si tout marche à la diable !

LE NAIN (illuminé).

Il me vient une idée ! approche géant que je te la dise à l'oreille !

LE GÉANT.

Ça va ! il faut que ce baron de *Wormspire*....

LE NAIN.

Chut ! c'est convenu, tu entreras chez lui comme ouvrier, et quand il aura reçu un bon chargement de souffre et de phosphore, tu m'entends ?...

L'AVOCAT.

Qu'est-ce que c'est? je crois vous deviner.

LE NAIN.

Eh ! mais, vous n'en direz rien j'espère, un avocat est, comme le médecin, un confesseur qui ne peut pas, sans manquer à l'honneur, dévoiler un secret.

L'AVOCAT,

Même quand il s'agirait d'empêcher un crime? oh, ho! en ce cas je m'en vais, je suis de trop ici, adieu ! je n'ai rien compris !

LE NAIN (tendant la main au géant).

C'est convenu !

LE GÉANT.

C'est entendu !

(Ils sortent)

Six mois après, on lisait dans les journaux : une épouvantable explosion a fait sauter la grande fabrique d'allumettes chimiques du baron de *Wormspire*; on a de grands malheurs à déplorer, plus de deux mille ouvriers se trouvent réduits à la mendicité avec leurs femmes et leurs enfants, la fabrique était assurée, le baron ne perdra rien; on ignore entièrement les causes de ce sinistre.

La justice informe !

CONCLUSIONS.

Ce petit drame industriel se joue tous les jours, avec fort peu de variations et beaucoup de succès sur tous les points de la France et des pays de liberté, sous la direction de la *libre concurrence* et en vertu *du droit de laisser faire tout à tous.*

L'insuffisance pour ne pas dire l'absence de toute garantie industrielle; la facilité avec laquelle les grands capitalistes, qui remplacent aujourd'hui les preux, les burgraves et les hauts barons du moyen-âge, écrasent les petits producteur et les dépouillent de leur industrie, nous prouve que nous sommes en plein, dans la féodalité financière; que la force brute retenue par la loi et réprimée dans ses excès, par les tribunaux, n'a fait que se métamorphoser en lingots pour mieux résister au glaive de la justice et échapper à la surveillance de la haute police; laquelle empêche bien deux individus de se battre à coups de poings ou d'épée, mais, non à coup de capitaux; et, les voit, avec indifférence, s'entretuer par une concurrence acharnée et préméditée qui jette sur le pavé, des ouvriers et des employés sans nombre, au grand péril de l'ordre social lui-même.

Il serait pourtant si facile d'empêcher tous ces dégats, de faire cesser cette horrible anarchie, d'organiser enfin, l'industrie, le commerce et les arts, qu'on ne se rend pas bien compte de ce qui peut s'y opposer. Quand on pense qu'il suffirait d'une seule ligne de loi pour ramener l'ordre, la sécurité et la prospérité dans le travail, on se demande si une impérieuse fatalité, n'a pas tracé à la civilisation, comme à l'Océan, une infranchissable barrière, qui ne peut être rompue que par quelque grand cataclysme, seul capable de désiller les yeux à nos modernes Balthazars et de leur donner l'intelligence *du mané tecel pharés*, dont voici, selon nous, la traduction fidèle :

CHACUN DOIT ÊTRE PROPRIÉTAIRE ET RESPONSABLE DE SES ŒUVRES.